झारखण्ड राज्य में लघु खनिज के पट्टों की स्वीकृति एवं व्यापार – एक मार्गदर्शिका।

JHARKHAND RAJYA MEIN LAGHU KHANIJ KE PATTON KI SVIKRITI EVAM VYAPAR – EK MARGDARSHIKA.

राजीव सूरी

Notion Press

Old No. 38, New No. 6
McNichols Road, Chetpet
Chennai - 600 031

First Published by Notion Press 2019
Copyright © Rajiv Suri 2019
All Rights Reserved.

ISBN 978-1-64733-513-7

माँ एवं उन सभी मित्रों एवं शुभेच्छुओं को जिन्होंने इस पुस्तिका के संकलन में प्रत्यक्ष-अप्रत्यक्ष योगदान किया है एवं हमारा मनोबल बढ़ाया है।

अंतर्वस्तु

प्रस्तावना

झारखण्ड राज्य के गठन के पूर्व बिहार लघु खनिज समनुदान नियमावली 1972 (Bihar Minor Mineral Concession Rules, 1972) के आलोक में लघु खनिज के पट्टे, (Minor Mineral Lease) परमिट (Permit) अनुज्ञप्ति (licence) आदि स्वीकृत किए जाते थे। लघु खनिज को गौण खनिज (Minor Mineral) भी कहा जाता है।

भारत सरकार ने खान एवं खनिज (विकास एवं विनियमन) अधिनियम 1957 [The Mines and Mineral (Development and Regulation) Act, 1957] की धारा 15 (Section-15) अंतर्गत लघु खनिज के विकास, पट्टे आदि पर नियम तैयार करने का अधिकार राज्य सरकार को दिया है। भारत सरकार द्वारा अधिनियम की धारा-3 के खण्ड ङः (Part e) में विनिर्दिष्ट खनिज को लघु खनिज में वर्गीकृत किया जाता है।

झारखण्ड राज्य ने लघु खनिज की नियमावली वर्ष 2004 में निर्मित किया जिसमें कालान्तर में वर्ष 2007, 2011, 2014, 2017 एवं 2019 में संशोधन (amendment) किए गए।

वर्ष 2005 में झारखण्ड खनिज पारगमन चालान विनियमन 2005 (Jharkhand Mineral Transit Challan Regulation) को खनिज के परिवहन, नमूने का विश्लेषण करने हेतु प्रभावी किया गया। वर्ष 2007 में खनिज उत्पाद का व्यापार, भंडारण एवं परिवहन हेतु खनिज विक्रेता नियमावली 2007 (Jharkhand Mineral Dealer Rules, 2007) प्रतिपादित हुई। इन दोनों नियमों को एकीकृत कर झारखण्ड मिनरल्स (प्रिवेंशन ऑफ इल्लीगल माईनिंग ट्रान्सपर्टेशन एण्ड स्टोरेज) रूल्स 2017

(Prevention of Illegal Mining Transportation and Storage Rules 2017) को ज्ञापांक 245/एम0 दिनांक- 27.01.2018 द्वारा अधिसूचित किया गया है । लघु खनिज की नीलामी के लिए झारखण्ड लघु खनिज (नीलामी) नियमावली 2017 [Jharkhand Minor Mineral (Auction) Rules,2017] को ज्ञापांक 2302/एम0 दिनांक- 16.08.2017 द्वारा अधिसूचित किया किया गया है ।

भारत सरकार द्वारा 31 वृहत खनिज (Major Minerals) को फरवरी 2015 में लघु खनिज (Minor Minerals) घोषित किया गया। खान एवं खनिज (विकास एवं विनियमन) अधिनियम 2015 में किए गए संशोधन एवं खनिज के पट्टे पहले आओ पहले पाओ के सिद्धान्त के बदले लोक नीलामी (Public Auction) से उच्चतम डाकवक्ता (Highest Bidder) के पक्ष में किए जाने के फलस्वरूप, झारखण्ड राज्य में भी लघु खनिज के पट्टे लोक नीलामी से स्वीकृत करने के लिए लघु खनिज नियमावली में वर्ष 2017 में संशोधन किए गये जिसमें पयावरणीय संतुलन, भूमि का सुधार, बालू घाट का संचालन, ग्रेनाईट खनिज के पट्टो आदि पर विशेष ध्यान दिया गया।

राज्य अन्तर्गत इन नियमों के विस्तार, व्याख्या, इनके महत्वपूर्ण पहलु को सरल भाषा में प्रस्तुत किए जाने हेतु खनन पट्टेधारियों, खनन संघ, प्रबुद्धजनों के अनुरोध प्राप्त हो रहे थे।

मैनें अपनी पूर्ण निष्ठा एवं इमानदारी से अब तक विनिर्दिष्ट नियमों के महत्वपूर्ण इकाईयों को यथाः- लघु खनिज के खनन पट्टे (Mining Lease) खनिज के व्यापार परिवहन (Mineral Trade, Transportation etc) ईंट भट्रो का संचालन, (Brick kiln Operation) बालू घाट की बंदोबस्ती, (Settlement of Sand Ghats) लघु खनिज के नीलामी (Auction of Minor Minerals) आदि को अलग, अलग अध्याय अन्तर्गत संकलित कर एक मार्गदशिका सर्वसाधारण हेतु मुद्रित करने का प्रयास किया है।

इस पुस्तिका में उल्लेखित तथ्य शैक्षणिक लाभ के लिए है। नियमों को अधिसूचित दस्तावेज से जनहित में संकलित किए गये है। इनके व्याख्या

को सरकार द्वारा समय-समय पर मुद्रित नियमों के आलोक में किया जाना चाहिए।

आशा है कि इस मार्गदर्शिका से आप सभी लाभान्वित होंगे।

– राजीव कुमार सूरी

सेवानिवृत्त सहायक निदेशक
खान एवं भूतत्व विभाग
झारखण्ड।

अध्याय-1

रैयती भूमि में पट्टे

खनिज के पट्टे जिन क्षेत्रों में अविस्थत है वह रैयती भूमि या सरकारी भूमि हो सकती है।

खान एवं खनिज (विकास एवं विनियमन) अधिनियम 1957 की धारा 3 के खण्ड (ड:) में गौण खनिज को परिभाषित किया गया हैं। पूर्व में उक्त अधिनियम की धारा 15 में निहित प्रावधान के आलोक में झारखण्ड सरकार द्वारा झारखण्ड लघु खनिज समानुदान नियमावली 2004 (Jharkhand Minor Mineral Concession Rules, 2004) का गठन किया गया था जिसमें निम्नांकित खनिज को लघु खनिज (Minor Minerals) में चिन्हित किया गया था:-

खण्ड (क)

1. पत्थर
2. साधारण कले
3. ग्रेवेल
4. साधारण बालू
5. ग्रेनाईट
6. बलुआ पत्थर
7. मोरम
8. बोल्डर

9. ईंट मिट्टी

10. क्वाटर्जजाइट

11. पीसने वाला पत्थर

12. पत्थर ईंट

13. पत्थर चूर्ण

14. संगमरमर

15. बाल मिल के उपयोग हेतु चालसीडोनी पत्थर

16. चूना बनाने हेतु पत्थर

भारत सरकार द्वारा अधिसूचना संख्या 423 (अ) दिनांक- 10.02.2015 द्वारा पुनः निम्नांकित खनिज को गौण खनिज (Minor Minerals) घोषित किया गया हैः-

खण्ड (ख)

1. अगेट

2. बाल कले

3. बैराईट्स

4. कैलकेरियस सैंड

5. कैलसाईट

6. चाक

7. चीनी मिट्टी

8. अन्य कले

9. कोरण्डम

10. डायस्पोर
11. डोलोमाईट
12. डुनाईट अथवा पाईरोक्जीनाईट
13. फेलसाईट
14. फेलस्पार
15. अग्नि सह मृत्तिका (फायरकले)
16. फुस्काइट क्वार्टजाईट
17. जिप्सम
18. जासपर
19. क्योलिन
20. लेटेराईट
21. चूना कंकर
22. अभ्रक
23. आकर
24. पाईरोफिलाईट
25. क्वार्टज
26. क्वार्टजाईट
27. बालू (अन्य)
28. शेल
29. सिलिका सैण्ड
30. स्लेट
31. स्टोटाईट अथवा टैल्क अथवा सोपस्टोन

पूर्व में इन खनिजों के पट्टे पहले आओ पहले पाओ के सिद्धान्त पर स्वीकृति किये जाते थे। भारत सरकार द्वारा खान एवं खनिज (विकास एवं विनियमन) अधिनियम 1957 में वर्ष 2015 में किए गऐ संशोधन उपरांत राज्य सरकार द्वारा भी संशोधन किए गए एवं झारखण्ड लघु खनिज समानुदान (संशोधन) नियमावली 2017 [Jharkhand Minor Mineral Concession (Amendment) Rules,2017] अधिसूचना संख्या 149 दिनांक 02.03.2017 द्वारा अधिसूचित की गई। इस संशोधन उपरांत खनिज के पट्टे कुछ मामलों को छोड़कर लोक नीलामी से प्रदान किए जाने का नियम तैयार किया गया जिसकी विस्तृत व्याख्या एवं रीति अलग अध्यायों में वर्णित है।

रैयती भूमि में पट्टे (Lease in Private Land)

1-1 झारखण्ड लघु खनिज समानुदान (संशोधन) नियमावली 2019 के नियम 9(1) (क) के आलोक में 3 हेक्टेयर से कम क्षेत्रफल पर खण्ड (क) में उल्लेखित खनिज में साधारण बालू, ग्रेनाईट, बलुआ पत्थर, संगमरमर, सजावटी पत्थर को छोड़कर, पत्थर, मोरम, एवं मिट्टी, का पट्टा उपायुक्त द्वारा स्वीकृत किये जाते हैं। यदि इन खनिज का विस्तार 3 हेक्टेयर से अधिक भूमि पर पाये गये तो, इनकी स्वीकृति लोक नीलामी के माध्यम से की जाती है। शेष अन्य खनिज जो लघु खनिज घोषित है की स्वीकृति लोक नीलामी के माध्यम से उपायुक्त या निदेशक खान के द्वारा की जाती है।

1-2 पट्टे की अवधि (Lease Period) – दस वर्ष

ग्रेनाईट खनिज के पट्टे की स्वीकृति (The Granite Conservation and Development Rules,1999, read with JMMC Rules, 2004) के आलोक में राज्य सरकार करती है। अन्य 31 खनिज 10 वर्ष से 30 वर्ष के लिए JMMC Rules 2004 में विनिर्दिष्ट प्रावधान अनुसार स्वीकृत किया जाता है।

1-3 पट्टे के लिए अधिकतम क्षेत्र (Maximum Area) – राज्य अन्तर्गत कोई व्यक्ति एक या एक से अधिक पट्टा 100 हेक्टेयर क्षेत्र पर प्राप्त कर सकता है।

1-4 रैयती भूमि में आवेदन (Application)-

झारखण्ड लघु खनिज समानुदान (संशोधन) नियमावली 2019 के नियम 9(1)(क) के आलोक में पत्थर, मोरम एवं मिट्टी लघु खनिज के लिए 3 हेक्टेयर से कम क्षेत्र पर खनिज का विस्तार रहने पर नियमावली के प्रपत्र (ए) में सूचनाएँ अंकित कर आवेदन दिया जा सकता है। उक्त आवेदन पत्र में निम्नांकित सूचनाएँ अवश्य अंकित होनी चाहिए अन्यथा सक्षम अधिकारी द्वारा आवेदन प्राप्ति के 30 दिनों के अंदर आवेदन पत्र रद्द कर दिये जाने का प्रावधान है

सूचनाएँ:-

i. आवेदक/आवेदकों का हाल का 3 पासपोर्ट आकार का फोटो।

ii. आवेदक भारतीय नागरिक होना चाहिए।

iii. प्रतिष्ठान के मामले में आवेदक/आवेदको का समूह भारत के नागरिक हो।

iv. सभी आवेदक का वर्तमान एवं स्थायी पता का दस्तावेज।

v. 5000/- पाँच हजार रूपये का आवेदन शुल्क JIMMS Portal से।

vi. भूमि के खतियान की अभिप्रमाणित प्रति।

vii. यदि पूर्व में पट्टा धारित करतें हो तो स्वामिस्व स्वच्छता प्रमाण पत्र या पट्टा नहीं धारण करने का शपथ पत्र।

viii. पूर्व में राज्य अन्तर्गत आवेदन किया था या नहीं। स्वीकृत या लंबित है तो उनकी विवरणी।

ix. ग्राम मूल मानचित्र पर आवेदित चिन्हित क्षेत्र।

1.5 आवेदन का निपटारा (Processing of Application)-

उपरोक्त प्रावधान अंतर्गत नियम 9 (1)(क) में प्राप्त ऐसे आवेदन पत्र का निपटारा नियम 11 (क) के आलोक में 120 दिनों के अंदर किया जाना है कि अन्यथा वह स्वतः अस्वीकृत हो जाएगा।

1.6 रैयती क्षेत्र में समर्पित आवेदन पत्र के निपटारे हेतु निमांकित प्राधिकार से प्रतिवेदन प्राप्त किए जाते हैं-

1. अंचलाधिकारी से भूमि के किस्म, रकवा मालिकाना हक, पट्टे स्वीकृति हेतु अनुशंसा। (Recommendation from Circle Officer)

2. वन प्रमण्डल पदाधिकारी से वन भूमि आदि संबंधित अनापत्ति पत्र। (No Objection from DFO)

3. रैयती भूमि पर 3 हेक्टेयर से अधिक क्षेत्र पर खनन पट्टा की स्वीकृति झारखण्ड लघु खनिज नीलामी नियमावली 2017 में निरूपित प्रावधानों के अन्तर्गत इलेक्ट्रॉनिक माध्यम से निदेशक, खान या उपायुक्त के द्वारा किया जाएगा।

4. ग्राम सभा की सहमति। (Consent from Gram Sabha)

5. अनुमोदित खनन योजना। (Approved Mine Plan)

6. पर्यावरणीय स्वीकृति। (Environmental Clearance)

1.7 (क) पत्थर के पर्यावरणीय स्वीकृति हेतु JIMMS / EODB के पोर्टल पर ऑनलाईन Online आवेदन दिया जाता है जिसके शुल्क का भुगतान निर्धारित रीति एवं क्षेत्रफल पर आधारित है।

1 एकड़ क्षेत्र के लिए 5000/-रूपये,

1 एकड़ से 2.5 एकड़ क्षेत्र के लिए 10000/-रूपये

2.5 से 5 एकड़- 25000/-रूपये

05 एकड़ से 12.35 एकड़ तक 50,000/-रूपये

बालू, ईंट मिट्टी के पर्यावरणीय स्वीकृति हेतु JIMMS/EODB के पोर्टल पर ऑनलाईन Online आवेदन दिया जाता है जिसके शुल्क का भुगतान निर्धारित क्षेत्रफल पर आधारित है।

0.5 एकड़ से कम क्षेत्र के लिए 500/-, रूपये

0.5 एकड़ से 1 एकड़ तक क्षेत्र के लिए 1,000/-रूपये

1 से 2.5 एकड़- 2,000/-रूपये

2.5 एकड़ से 5.00 एकड़ तक 5,000/-रूपये

5.00 एकड़ से अधिक 10,000/-रूपये

(ख)फार्म- 1 में प्रीफिजीबिलीटी रिपोर्ट (Prefeasibility Report) के साथ आवेदन EODB के पोर्टल पर समर्पित किए जाते हैं।

(ग) जिलास्तरीय पर्यावरणीय समाघात निवारण प्राधिकार [District Environment Impact Assessing Authority (DEIAA)] द्वारा पूर्ण प्रस्ताव की समीक्षा कर हार्डकॉपी 15 दिनों के अंदर जिला स्तरीय विशेषज्ञ आकलन समिति [District Expert Appraisal Committee] (DEAC) को अग्रसारित किया जाता है।

(घ) यदि प्रस्ताव में कोई त्रुटि है तो 15 दिनों के अंदर आवेदक को DEAC द्वारा सूचित किया जाएगा। अन्यथा 15 दिनों के अंदर DEAC की अगली बैठक में प्रस्ताव विचार करने हेतु सम्मिलित कर लिया जाएगा।

(ड.) DEAC अपने आकलन से बैठक के 15 दिनों के अंदर DEIAA को प्रस्ताव अग्रसारित करेगा एवं सिस्टम पर अपलोड करेगा।

(च) DEIAA अगले 15 दिनों के अंदर अपनी स्वीकृति/अनुशंसा निर्गत करेगा।

नोट- SEIAA झारखण्ड ने अपनी 65वीं बैठक दिनांक-07.01.2019 में माननीय NGT, Principal Bench, New Delhi के आदेश दिनांक- 11.12.2018 in EA-55/2018 एवं O.A 520/2016 एवं वन, पर्यावरण जलवायु परिवर्तन, भारत सरकार के आदेश F-No.-L-11011/175/2018-

IA-II (M) दिनांक-12.12.2018 के आलोक में यह निर्णय लिया है कि अगले आदेश तक भारत सरकार, वन, पर्यावरण एवं जलवायु परिवर्तन की अधिसूचना 15.01.2016 को स्थगित किया जाता है एवं DEIAA/DEAC द्वारा निर्गत किए जा रहे पर्यावरण स्वीकृति को निंलबित रखा है।

भविष्य में ऐसे सभी मामलों की स्वीकृति SEIAA/SEAC झारखण्ड द्वारा दी जाएगी एवं आवेदक www.moef.nic.in पर Online आवेदन समर्पित कर सकते है।

DEIAA/DEAC में पूर्व से लंबित आवेदन पत्रों को आवेदन शुल्क के साथ SEIAA को स्थानान्तरित किए जाने है

SEIAA द्वारा B-2 Category के मामले में 5 Ha से 25 Ha तक के क्षेत्रों पर पर्यावरणीय स्वीकृति हेतु लोक सुनवाई किया जएगा।

5 Ha से कम क्षेत्रों के पर्यावरणीय स्वीकृति हेतु फॉर्म 1M को और विस्तृत किया गया है। क्योंकि इन मामलों में लोक सुनवाई की प्रक्रिया को शिथिल किया गया है।

फ्लो चार्ट

आवेदन नियम 9(1) क
CO/DFOप्रतिवेदन-नियम 11 क
ग्राम सभा सहमति-नियम 11
स्वामिस्व स्वच्छता आयकर/बिक्री कर अनापत्ति-नियम 9 (5)
आवेदन तिथि से 120 दिनों के अंदर
आशय का पत्र -नियम 11 क
खनन योजना स्वीकृति-नियम 34 A(1)
पर्यावरणीय स्वीकृति SEIAA/SEAC DEIAA/DEAC से-नियम 34(F)
खनन पट्टा की स्वीकृति उपायुक्त द्वारा नियम 11
60 दिन
उपायुक्त द्वारा खनन पट्टा का निष्पादन 90 दिनों के अंदर नियम 28
राज्य प्रदूषण नियंत्रण पर्षद से CTE एवं CTO प्राप्त करने के उपरांत खनन प्रारंभ नियम 34(1)

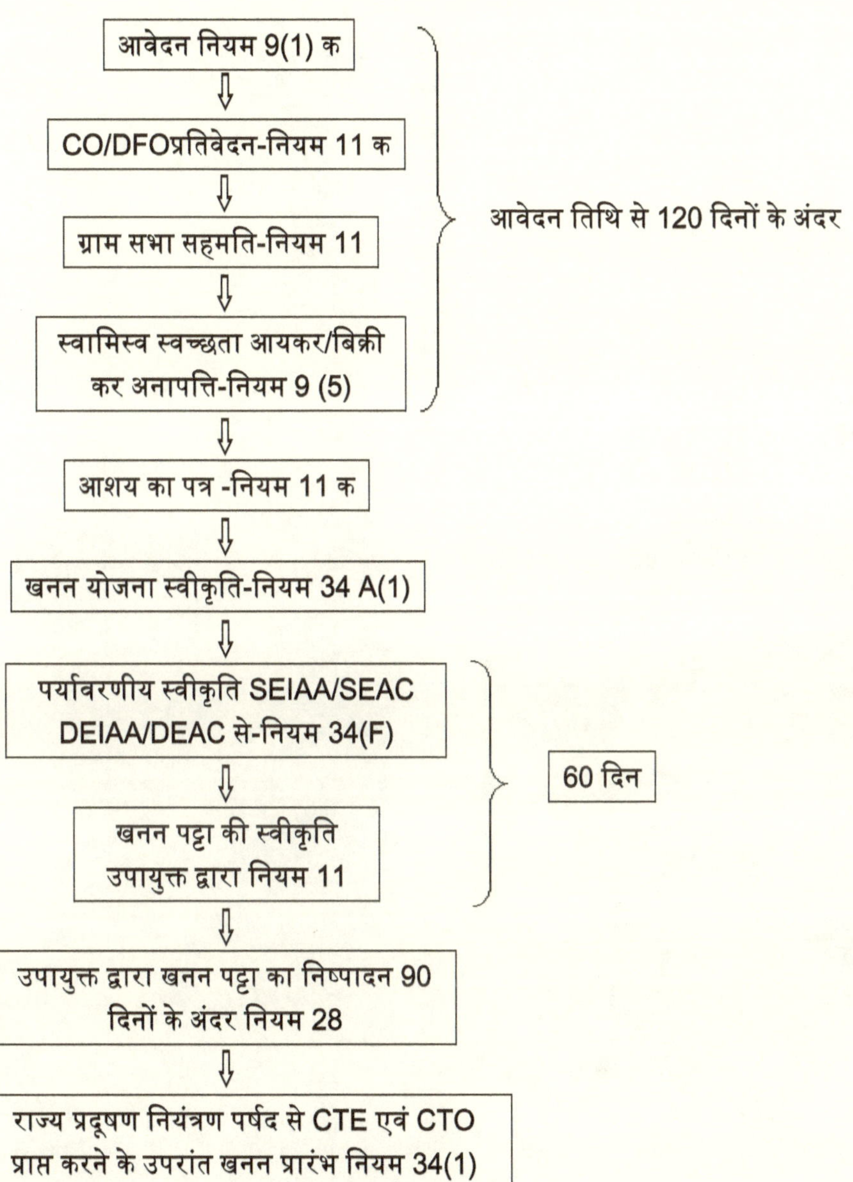

अध्याय-2

सरकारी भूमि में लघु खनिज के पट्टे

2.1 खनिज के पट्टों के लिए न्यूनतम 5 हेक्टेयर क्षेत्र पर आवेदन किया जाता है। खण्ड क एवं खण्ड ख में उल्लेखित खनिज का पट्टा लोक नीलामी के माध्यम से झारखण्ड लघु खनिज (नीलामी) नियमावली 2017 [Jharkhand Minor Mineral (Auction) Rules 2017] में विनिर्दिष्ट प्रावधान अनुसार किया जाता है।

2.2 पट्टे की अवधि **(Lease Period)**-10 वर्ष से 30 वर्ष।

2.3 पट्टे का क्षेत्रफल **(Area)**- स्वीकृत एवं मुद्रित खनिज ब्लॉक के आधार पर जो सामान्यतः 5 हेक्टेयर से अधिक होगा।

2.4 लोक नीलामी हेतु आवेदन **(Application for Auction)**

झारखण्ड लघु खनिज (नीलामी) नियमावली 2017 के नियम 7 के आलोक में उपायुक्त/निदेशक, खान इलेक्ट्रोनिक प्लेटफार्म पर नीलामी कराने से पूर्व नियम 9(1) में अंकित प्रावधानुसार निविदा आमंत्रण सूचना तीन प्रमुख समाचार पत्रों एवं राज्य सरकार के बेवसाईट के माध्यम से प्रकाशित करेंगे।

उक्त प्रकाशन में निम्नांकित सूचनाएँ अनिवार्य रूप से संलग्न होगी जो-

2.4 (i) नीलामी नियमावली 5(1) के आलोक में निदेशक (भूतत्व) द्वारा खनिज का सत्यापित निक्षेप, कोटि आदि का पूर्ण विवरण।

2.4 (ii) खनिज के विस्तार से संबंधित क्षेत्र के भूमि का रकवा, गैर मजरूआ- वन- एवं स्वामित्व, नीलामी नियमावली 5(2) के अनुसार।

2.5 नीलामी हेतु पात्रता (Eligibility)

नीलामी नियमावली के अनुसूची- I एवं खान एवं खनिज (विकास एवं विनियमन) अधिनियम 2015 की धारा 5 एवं नीलामी नियमावली के नियम 6 के आलोक में पात्रता निर्धारित की गई है।

2.5(1) आवेदक भारतीय नागरिक या कंपनी अधिनियम 2013 की धारा 2, खण्ड-20 के अनुसार होना चाहिए।

2.5(2) प्रतिष्ठान के मामले में आवेदक/आवेदको का समूह भारत के नागरिक हो।

2.5(3) नीलामी होने वाले खण्ड में खनिज के आकलित भंडार (estimated reserve) का मूल्य 10 करोड़ से अधिक होने की स्थिति में आवेदक कंपनी या वैयक्तिक की शुद्ध संपत्ति (Net Worth) आकलित मूल्य का 4% (चार प्रतिशत) होना अनिवार्य है।

2.5(4) नीलामी होने वाले खण्ड में खनिज के आकलित भंडार का मूल्य 10 करोड़ या उससे कम रहने पर **आवेदक कंपनी** की शुद्ध संपत्ति (Net Worth) आकलित मूल्य का 2%(दो प्रतिशत) होना चाहिए।

2.5(5) नीलामी होने वाले खण्ड में खनिज के आकलित भंडार का मूल्य 10 करोड़ या उससे कम रहने पर **व्यक्तिगत आवेदक** के लिए शुद्ध संपत्ति (नेट वर्थ) आकलित मूल्य का 1% (एक प्रतिशत) होना चाहिए।

2.5(6) मिश्र अनुज्ञप्ति (Composite Licence) की स्थिति में **आवेदक व्यक्तिगत/कंपनी का** शुद्ध संपत्ति (Net Worth) आकलित खनिज मूल्य का 1% रहना चाहिए।

स्पष्टीकरण- यदि कोई आवेदक अन्य कंपनी की अनुषांगिक (Subsidiary) इकाई है तो इस कंपनी में इसकी शुद्ध संपत्ति निर्धारित सीमा तक निवेशित

रहने की स्थिति में इस अनुषांगिक इकाई के शुद्ध संपत्ति का आकलन आवेदक कंपनी के शुद्ध संपत्ति के लिए किया जा सकता है।

> 2.5(7) कंपनी होने की स्थिति में इसकी शुद्ध संपत्ति, अंकेक्षित बैलेन्स शीट (Net Worth, Audited Balance Sheet) में अंकित पेड अप शेयर एवं फ्री रीजर्व (Paid up share and free reserve) के जोड़ के योग के आधार पर किया जाएगा।

2.6 आकलित खनिज का मूल्य निर्धारण (Price fixation of estimated mineral)

> 2.6(1) जिस खनन खण्ड की नीलामी की जा रही है उसमें अवस्थित खनिज की मात्रा मेट्रिक टन या क्यूविक फिट में अंकित की जाती है।

> 2.6(2) भारतीय खान ब्यूरो (आई0बी0एम0) या निदेशक, खान द्वारा नीलामी से एक माह पूर्व का खनिज का अधिसूचित मूल्य (Notified/Declared Price) मेट्रिक टन या प्रति क्यूविक फिट में घोषित किया जाता है।

अतः मात्रा × मूल्य = आकलित मूल्य

2.7 (1) नीलामी हेतु सुरक्षित राशि (Reserve Price)

उपायुक्त / निदेशक, खान द्वारा खनिज के प्रेषण की न्यूनतम मात्रा निर्धारित की जाती है जिसे उसके घोषित मूल्य (Declared price) से गुणा कर सुरक्षित राशि का आकलन किया जाता है।

सामान्यतः यह राशि 10% से अधिक नहीं होती है।

नियम 8 के प्रावधानअनुसार सुरक्षित राशि से अधिक जितनी राशि नीलामी धारक द्वारा बोली जाएगी एवं जो अंतिम डाक में अंकित होगी, उक्त राशि का भुगतान सफल नीलामी धारक (Succesful Bidder) द्वारा

राज्य सरकार को नियम 13 (2) के आलोक में माहवार भुगतान किया जाता है।

इस राशि के आलावे (रॉयल्टी) स्वामिस्व का भुगतान प्रत्येक माह निर्धारित रीति एवं दर से उत्खनित खनिज के लिए नियम 13 (2) के आलोक में किया जाता है।

2.8 अग्रिम मुहुर्त राशि या अग्रिम राशि **(Upfront Payment)**

वह राशि अंतिम बोली में आकलित खनिज के मूल्य के उपर (रिजर्व प्राइस के बाद) निर्धारित की जाती है उसका 0.50% राशि को अग्रिम मुहुर्त राशि या अग्रिम राशि कहा जाता है।

2.8 (1) अग्रिम राशि भुगतान की रीति

इसका भुगतान नीलामी नियमावली के नियम 10 एवं 11 के आलोक में निम्नानुसार किया जाता है।

2.8 (1)(2) नीलामी समाप्ति के बाद 10%

2.8 (1)(3) आशय का पत्र निर्गत उपरांत 10%

2.8 (1)(4) नियम 10 (4) के आलोक में सफल डाक वक्ता सभी अनुज्ञति, अनुशंसा आदि जो खनन करने हेतु अनिवार्य है, को प्राप्त करेंगे एवं उपायुक्त के साथ MDPA अभिलेख पर हस्ताक्षर करते हैं (Mine Development and Production Agreement) MDPA हस्ताक्षर करने के पूर्व 80%राशि का भुगतान सफल डाकवक्ता करते हैं। इस राशि का समायोजन खनिज के उत्पादन प्रारंभ करने के 5 वर्षों के अंदर कर लिया जाता है।

2.8 (1)(5) तदुपरांत 30 दिनों के अंदर खनन पट्टा की स्वीकृति एवं निष्पादन उपायुक्त द्वारा नियम 10 के उपनियम 5 एवं 6 के आलोक में किया जाता है।

2.9 कार्य निष्पादन सुरक्षित राशि (Performance Security)

अंतिम नीलामी उपरांत सफल नीलामी धारक द्वारा आकलित खनिज के मूल्य का 0.50% राशि का भुगतान परफारमेंस सिक्युरिटी के रूप में किया जाना हैं यह राशि बैंक गारण्टी के रूप में अदा की जाती है। प्रत्येक 5 वर्ष की अवधि समाप्ति उपरांत शेष खनिज की मात्रा पर इस राशि का पुनः मूल्यांकन किया जाता है।माईन डेवलेपमेन्ट प्रोड्कशन एग्रीमेन्ट **(MDPA)** एवं लीज डीड **(Lease Deed)** के प्रावधान के उल्लंघन होने **पर इस राशि को जप्त किया जा सकता है।**

2.10 जिला खनिज फाउण्डेशन ट्रस्ट (District Mineral Foundation Trust) में भुगतान

उत्पादित खनिज पर भुगतान किये जाने वाले स्वामिस्व (Royalty) / नियत लगान (Dead Rent) जो अधिक हो पर 10% की दर से मासिक राशि खनिज फाउण्डेशन ट्रस्ट के खाता में भी **online** भुगतान करना पड़ता है।

2.11 पर्यावरण प्रबंधन कोष (Environment Management Fund)

भुगतानित स्वामिस्व के राशि के 1% राशि का भुगतान झारखण्ड लघु खनिज नियमावली 2017 के नियम 34 के आलोक में भी किया जाना है।

2.12 नियम 14 के आलोक में 60 दिन तक भुगतान नहीं करने पर 24%वार्षिक ब्याज गैर भुगतानित राशि पर देय होता है।

नोट:- नीलामी राशि के उपर आयकर अधिनियम अन्तर्गत आयकर देय दर से भुगतान करना पड़ता है।

फ्लो चार्ट

निविदा सूचना नीलामी-नियम-7 के अंतर्गत
आवेदन पत्र नीलामी-नियम-8
सुरक्षित राशि का भुगतान नियम-9
Upfront amount (अग्रिम राशि) 0.50% के 10% राशि का भुगतान सफल नीलामी धारक द्वारा नियम-11
आशय का पत्र निर्गत उपरांत 0.50% के 10% का भुगतान नियम -10(3) एवं 11
MDPA (एम.डी.पी.ए.) हस्ताक्षर के समय अग्रिम राशि 0.50% के 80% का भुगतान नियम-10(4)
Performance Security (कार्य निष्पादन सुरक्षित राशि) का भुगतान नियम -12
खनन पट्टा की स्वीकृति उपायुक्त द्वारा नियम-10(5)
उपायुक्त द्वारा खनन पट्टा का निष्पादन 30 दिनों के अंदर नियम-10

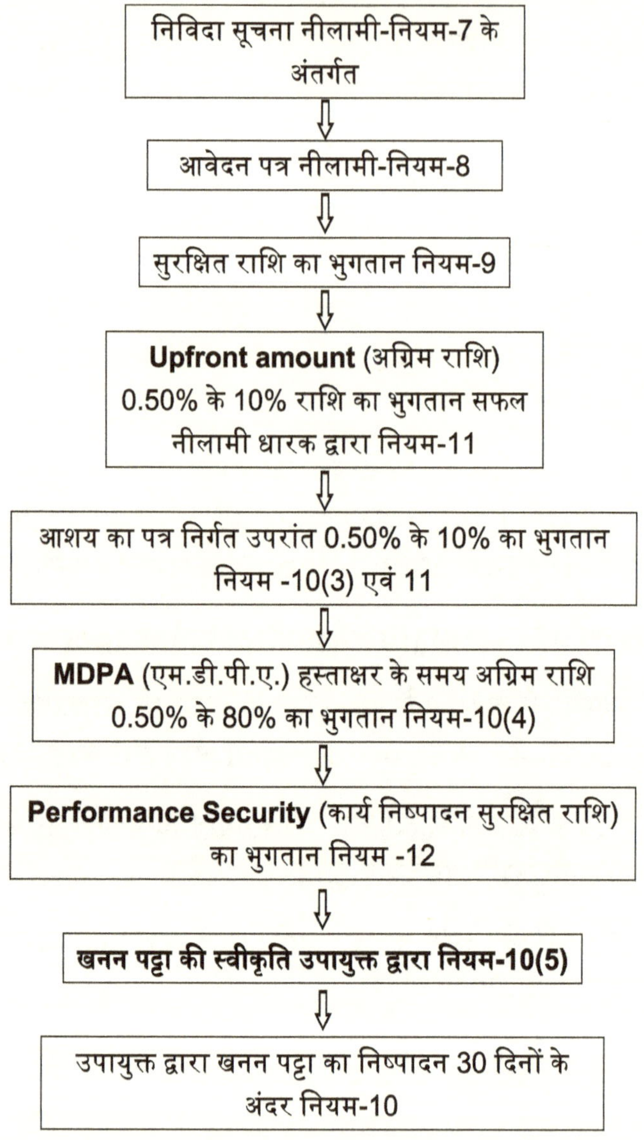

अध्याय-3

लोक नीलामी से मिश्र अनुज्ञप्ति (Composite Licence) प्राप्त करना

3.1 उपायुक्त/निदेशक खान, झारखण्ड राज्य लघु खनिज (नीलामी) नियमावली 2017 के नियम 16 के प्रावधानुसार मिश्र अनुज्ञप्ति निर्गत करते है।

नीलामी नियमावली के नियम 6 से 9 के प्रावधान मिश्र अनुज्ञप्ति प्राप्त करने के लिए भी प्रभावी है।

मिश्र अनुज्ञप्ति के लिए इन्ड यूज (End Use) के आधार पर खनिज क्षेत्र को आरक्षित नहीं किया जाता है।

3.2 नीलामी सूचना निर्गत करने के पूर्व निदेशक (भूतत्व) द्वारा खनिज का सत्यापित निक्षेप, कोटि को यथा नियम 5(1) के आलोक में आकलित किया जाता है।

3.3 उपायुक्त/निदेशक खान द्वारा खनिज क्षेत्र के भूमि का किस्म-वन, गैरमजरूआ आदि रकवा सहित का वर्गिकरण नियम 5(2) अनुसार किया जाता है।

3.4 अवधि (Period)-3 से 5 वर्ष।

3.5 पात्रता

नीलामी नियमावली के अनुसूची- I एवं खान एवं खनिज (विकास एवं विनियमन) अधिनियम 2015 की धारा 5 एवं नीलामी नियमावली 6 के आलोक में पात्रता निर्धारित की गई है।

(1) आवेदक भारतीय नागरिक या कंपनी अधिनियम 2013 की धारा 2, खण्ड-20 के अनुसार होना चाहिए।

(2) प्रतिष्ठान के मामले में आवेदक/आवेदको का समूह भारत के नागरिक हो।

(3) मिश्र अनुज्ञप्ति (कंपोजिट लाईसेंस) की स्थिति में आवेदक व्यक्तिगत/कंपनी का शुद्ध संपत्ति (नेट वर्थ) आकलित खनिज मूल्य का 1% रहना चाहिए।

स्पष्टीकरण- यदि कोई आवेदक अन्य कंपनी की अनुषांगिक इकाई (Subsidiary Unit) है तो उस कंपनी में इसकी शुद्ध संपत्ति निर्धारित सीमा तक निवेशित रहने की स्थिति में उस अनुषांगिक इकाई के शुद्ध संपत्ति का आकलन आवेदक कंपनी के शुद्ध संपत्ति के लिए किया जा सकता है।

(4) कंपनी होने की स्थिति में इसकी शुद्ध संपत्ति अंकेक्षित बैलेन्स शीट (Audited Balance Sheet) में अंकित पेड अप शेयर (Paid Up Share) एवं फ्री रीजर्व(Free Reserve) के जोड़ के योग के आधार पर किया जाएगा।

3.6 आकलित खनिज (Estimated Price) का मूल्य निर्धारण

(1) जिस खनन खण्ड की नीलामी की जा रही है उसमें अवस्थित खनिज की मात्रा मेट्रिक टन या क्यूविक फिट में अंकित की जाती है।

(2) भारतीय खान ब्यूरो (आई0बी0एम0) या निदेशक, खान द्वारा नीलामी से एक माह पूर्व का खनिज का अधिसूचित मूल्य मेट्रिक टन या प्रति क्यूविक फिट में घोषित किया जाता है।

अतः मात्रा × मूल्य = आकलित मूल्य

3.7 नीलामी हेतु सुरक्षित राशि (Reserve Price)

उपायुक्त/निदेशक, खान द्वारा खनिज के प्रेषण की न्यूनतम मात्रा निर्धारित की जाती है जिसे उसके घोषित मूल्य से गुणा कर सुरक्षित राशि का आकलन किया जाता है।

सामान्यतः यह राशि 10% से अधिक नहीं होती है।

सुरक्षित राशि से अधिक जितनी राशि नीलामी द्वारा अंकित की जाएगी एवं जो अंतिम बोली में अंकित होगी, उक्त राशि का भुगतान सफल नीलामी धारक द्वारा राज्य सरकार को किया जाता है।

3.8 कार्य निष्पादन सुरक्षित राशि (Performance Security)

3.8 (1) अंतिम नीलामी उपरांत सफल नीलामी धारक आकलित खनिज मूल्य का 0.25% राशि का भुगतान परफॉरमेंस सिक्युरिटी के रूप में करेगा। यह राशि बैंक गारण्टी के भी रूप में अदा की जा सकती है।

मिश्र अनुज्ञसि के अवधि समाप्त होने के उपरांत खनन पट्टा निर्गत होने की अवस्था में इसका पुर्नमूल्यांकन आकलित खनिज के मुल्य के 0.50% की राशि के आधार पर किया जाता है एवं इसी राशि की बैंक गारण्टी नीलामी धारक द्वारा उपलब्ध करायी जाएगी।

3.9 मिश्र अनुज्ञसि की स्वीकृति

निदेशक खान/उपायुक्त नीलामी नियमावली के नियम 19(1) के आलोक में कार्य निष्पादन सुरक्षित राशि (Performance Security) प्राप्ति उपरांत आशय का पत्र निर्गत करते है।

आशय का पत्र निर्गत करने के पूर्व सफल नीलामीधारक द्वारा निम्नांकित दस्तावेज नियम 18(2) के आलोक में समर्पित किया जाता है:-

3.9 (1) पात्रता के सभी शर्तों का अनुपालन।

3.9 (2) पूर्वेक्षण प्रारंभ करने के पूर्व सभी सहमति पत्र अनुज्ञसि अनुमोदन, अनापत्ति प्रमाण पत्र की प्रस्तुति।

3.9 (3) पूर्वेक्षण योजना की प्रति।

3.9 (4) नियम 18 (2) के प्रावधान के पूर्ण अनुपालन उपरांत उपायुक्त/ निदेशक, खान द्वारा तदुपरांत मिश्र अनुज्ञसि निर्गत किया जाता है।

3.10 मिश्र अनुज्ञप्तिधारी के कर्तव्य

3.10 (1) यदि अनुज्ञप्तिधारी खनिज के पूर्वेक्षण को पूरा करने में असफल रहता है या निदेशक, भूतत्व द्वारा निर्धारित मापदण्ड के अनुकूल खनिज की उपलब्धता कोटि को निर्धारित नहीं कर पाता तो वह खनन पट्टा प्राप्त करने का हकदार नहीं रहता । नियमावली के नियम 21 अंतर्गत नीलामी से प्राप्त मिश्र अनुज्ञप्तिधारक को खनन पट्टा प्राप्ति के 3 वर्षों के अंदर विस्तृत अन्वेषण एवं (फिजीबिलीटी) साध्यता प्रतिवेदन (Detailed exploration and feasibility report) भूतत्व निदेशालय द्वारा प्रचारित मार्गदर्शन निदेशिका के आलोक में तैयार कर समर्पित किया जाना है।

लोक नीलामी से मिश्रित अनुज्ञप्ति स्वीकृति उपरान्त यदि खनन पट्टा लेने के लिए आवेदक इच्छुक हों एवं नीलामी नियमावली अंतर्गत सम्पूर्ण पात्रता रखते हों तब upfront payment, performance security का पुनर्मूल्यांकन उपरान्त भुगतान की रीति अनुसार जो लोक नीलामी में अंकित है के भुगतान के बाद MDPA अभिलेख पे हस्ताक्षर उपरान्त खनन पट्टा प्राप्त कर सकते हें।

फ्लो चार्ट

नीलामी हेतु निविदा सूचना-नीलामी नियम 16
आवेदन पत्र नीलामी-नियमावली के नियम 17
सुरक्षित राशि (Reserve Price) का भुगतान नियम 8
कार्य निष्पादन सुरक्षित राशि अग्रिम राशि (Performance Security) 0.25% का भुगतान नियम 19
आशय का पत्र निर्गत नियम 18
मिश्र अनुज्ञप्ति की स्वीकृति नियम 18(3)
नियम 18(2) के शर्त के अनुपालन उपरांत उपायुक्त द्वारा अनुज्ञप्ति निर्गत

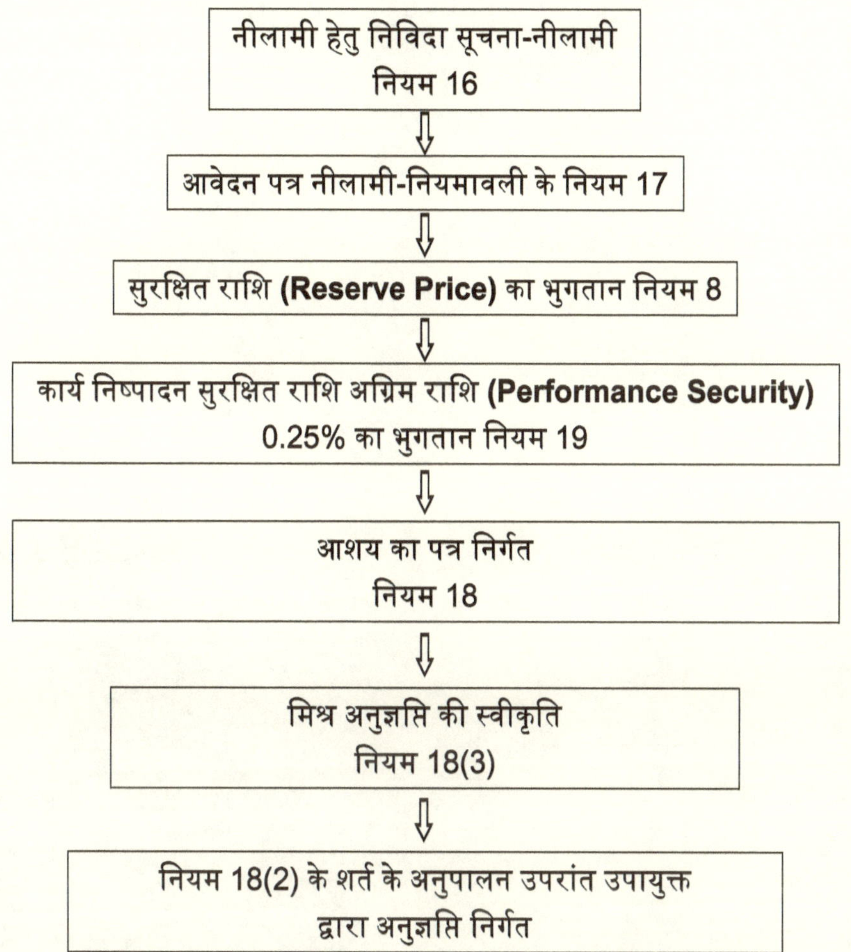

अध्याय-4

केन्द्रीय एवं राज्य लोक उपक्रम के लिए लघु खनिज के पट्टे

झारखण्ड लघु खनिज समानुदान नियमावली के नियम 11 के आलोक में केन्द्रीय एवं राज्य लोक उपक्रम तथा राज्य सरकार के विभाग अंतर्गत सड़क, पुल निर्माण इत्यादि कार्य के लिए राज्य सरकार खनन पट्टा की स्वीकृति एवं नवीकरण करती है।

नियम 51 A अन्तर्गत राज्य सरकार किसी ऐसे क्षेत्र को जो पहले से किसी पूर्वेक्षण अनुज्ञप्ति या खनन पट्टे के अधीन नहीं हो, को किसी सरकारी कम्पनी या ऐसे निगम के जो उसके स्वामित्व या नियंत्रण में है, के माध्यम से पूर्वेक्षण या खनन संक्रियाएं किए जाने के लिए आरक्षित कर सकती है।

अध्याय-5

ईंट भट्टे का संचालन प्रारंभ करने की विधि

5.0 झारखण्ड लघु खनिज समनुदान नियमावली के नियम 32 के आलोक में आवेदन प्रपत्र जी में निम्नांकित सूचनाओं, शुल्क आवश्यक कागजात के साथ दिए जाते हैं:-

1. आवेदक का हाल का 2 पासपोर्ट साईज फोटो।

2. आवेदन शुल्क 2000/-

3. अद्यतन स्वामिस्व स्वच्छता प्रमाण पत्र

4. भूमि जिसमें भट्टे का निर्माण ईंट के लिए किया जाएगा के खतियान की प्रति।

5. यदि जमीन दूसरे रैयत की है तो रैयत के साथ किए गये एकरानामा की प्रति।

6. आवेदित क्षेत्र का नक्शा

5.1 चूँकि इस आवेदन पत्र का निपटारा नियम 33 के आलोक में आवेदन कि तिथि से एक माह के अंदर ही किया जाना है, अतएव आवेदक व्यवसाय प्रारंभ करने से पूर्व सभी आवश्यक अभिलेख तैयार कर लें एवं अहर्ता रखने वाले मान्यता प्राप्त अहर्क व्यक्ति (RQP) से मिट्टी निशकासन हेतु खनन योजना, तैयार करवा ले एवं आवेदन पत्र के साथ ही वन विभाग, अंचलाधिकारी से वन भूमि एवं आवेदित भूमि के खतियान, किस्म की जाँच पर अनापत्ति प्रतिवेदन हेतु संबंधति जिला खनन कार्यालय से प्रतिवेदन हेतु अनुरोध करें।

वन प्रमण्डल पदाधिकारी एवं अंचलाधिकारी से प्रतिवेदन प्राप्त होते ही पर्यावरणीय स्वीकृति हेतु आवेदन SEIAA/ DEIAA के वेबसाईट पर 5 हेक्टेयर से कम भूमि पर आवेदित क्षेत्र रहने पर दिए जा सकते है एवं उसके स्वीकृति उपरांत ईंट पथाई का कार्य जिला खनन कार्यालय से अनुज्ञप्ति निर्गत होने के उपरांत किया जा सकता है।

नोट:- (1) चिमनी स्थापित करने एवं ईंट भट्टा के फुकाई के पूर्व राज्य प्रदूषण नियंत्रण पर्षद से **CTE** एवं **CTO** प्राप्त करना अनिवार्य है।

5.2 सतह से 2 मीटर से अधिक गहराई पर मिट्टी निष्कासन करना माननीय सर्वोच्च न्यायालय द्वारा पारित आदेश एवं EP Act 1986 के अधीन वर्जित है।

5.2 (1) मानव बसाहट से इकाइर की न्यूनतम दूरी 0.8 किलोमीटर होनी चाहिए।

5.2 (2) दो भट्टो के बीच की दूरी 1.8 किलोमीटर होनी चाहिए।

5.2 (3) भारत सरकार के अधिसूचना- GSR 233 (E)15.03.2018 के आलोक में 30,000 ईंट के निर्माण प्रति दिन होने की स्थिति में में चिमनी की उचाई 27 मीटर रखना अनिवार्य है।

5.2 (4) नियम 33 के परन्तुक में यह प्रावधान है कि यदि सक्षम पदाधिकारी इस तथ्य से संतुष्ट है कि अनुमति पत्र के लिए आवेदक विलंब हेतु जिम्मेवार नहीं है तब अगले 30 दिनों तक के लिए आवेदन की अवधि बढ़ाई जा सकती है।

5.2 (5) चूँकि भट्टे पर दूसरे जिलो, राज्यों से कामगार श्रमिक ठेकेदार द्वारा उपलब्ध कराए जाते है अतएव उन ठेकेदार एवं कामगार का निबंधन एवं अन्तर्राज्य में मजदूरी करने की अनुज्ञप्ति उनके राज्य से निर्गत होनी चाहिए अन्यथा राष्ट्रीय मानवाधिकार, बाल मजदूरी एवं अन्य नियमों में भट्टा मालिक को दोषी मानते हुए कार्रवाई प्रारंभ की जा सकती है।

5.2 (6) CTE/CTO एवं पर्यावरण स्वीकृति की मान्यता प्रभावी रहने की स्थिति में प्रत्येक वर्ष समेकित स्वामिस्व Compounded Royalty का भुगतान सरकार द्वारा स्वीकृत एवं अधिसूचित दर पर करने के उपरांत ईंट की पथाई एवं व्यापार करना वैध होगा अन्यथा अनाधिकत व्यापार करने के जुर्म में मुकदमा दायर हो सकता है एवं भट्टा संचालन को रोक दिया जा सकता है।

अध्याय-6

बालूघाट की बन्दोबस्ती

6.1 झारखंड लघु खनिज समनुदान नियमावली के नियम 12 एवं जिला सर्वेक्षण प्रतिवेदन के आलोक में जिले के उपायुक्त लोक नीलामी द्वारा 5 वर्षों के लिए बालू घाट की बंदोबस्ती उच्चतम डाकवक्ता के साथ करते है।

6.2 झारखण्ड राज्य अंतर्गत प्रभावी बालू उत्खनन नीति 2017 के अनुसार छोटे-छोटे झरने, नाले जो स्ट्रीम ऑडर -1 एवं 2 (Stream order 1 and 2) Category I अंतर्गत हैं उनकी नीलामी नहीं की जाती अपितु उनमें अवस्थित बालू का निष्कासन उस पंचायत की देख रेख में पंचायत समिति द्वारा पंचायत से स्वीकृति उपरांत उपलब्ध करायी जाएगी। (अधिसूचना-1905 दिनांक- 16.08.2017 New Sand Mining Policy 2017)

6.3 श्रेणी 2 स्ट्रीम ऑडर - 3 एवं 4 (Stream Order 3 and 4) category-II अन्तर्गत पाये जाने वाले बालूघाट जिला सर्वेक्षण प्रतिवेदन (District Survey Report) के आधार पर लोक नीलामी से उपायुक्त द्वारा झारखण्ड लघु खनिज समनुदान नियमावली के नियम 12 के आलोक में किया जाता हे।

6.4 उपायुक्त द्वारा सम्पूर्ण बालु घाट का ब्लॉक चिन्हित कर जिला खनन कार्यालय से नक्शा तैयार करवाया जाता है जिसमें सरकारी भूमि, वन भूमि, रैयती भूमि, पुल, पुलिया, सड़क अधारभूत संरचना अंकित रहती है।

6.5 लघु खनिज नियमावली के नियम 12 (3) के आलोक में नीलामी उपरांत अनुमोदित खनन योजना, वैधानिक अनापत्ति प्रमाण पत्र पर्यावरणीय स्वीकृति को बंदोबस्तीधारी द्वारा एक वर्ष के अंदर समर्पित करना अनिवार्य है।

6.6 बालू का उठाव प्रत्येक वर्ष 15 जून से 15 अक्टूबर तक वर्जित रहता है।

6.7 बालू घाट से बालू का उठाव अधिकतम 3 मीटर गहराई तक या भूगर्भीय जल स्तर जो कम हो तक की जा सकती है।

6.8 जिला खनिज फाउण्डेशन ट्रस्ट में नीलामी की राशि का 10%अंशदान बदोबस्ती धारक से प्राप्त किया जा सकता है।

6.9 नीलामी राशि के उपर आयकर अधिनियम अन्तर्गत आयकर देय दर से भुगतान करना पड़ता है।

6.10 **नोट;** वर्तमान में सभी अनिलाम बालू घाट का संचालन JSMDC Ltd जो राज्य सरकार का लोक उपक्रम है के द्वारा किया जा रहा है।

अध्याय-7

झारखण्ड राज्य अंतर्गत खनिज व्यापार, भण्डारण, परिवहन

7.1 राज्य सरकार ने झारखण्ड मिनरल्स (प्रिवेंशन ऑफ इल्लीगल माईनिंग ट्रान्सपोर्टेशन एण्ड स्टोरेज) रूल्स 2017 [Jharkhand Minerals (Prevention of illegal mining transportation and storage) Rules 2017, को ज्ञापांक 245/एम0 दिनांक- 27.01.2018 द्वारा अधिसूचित किया है।

झारखण्ड लघु खनिज समानुदान नियमावली के नियम-67 के अंतर्गत व्यक्तिगत खपत में व्यवहार किये जानेवाले कार्य हेतु निबंधन की आवश्यकता नहीं हैं किन्तु व्यवसायिक कार्य यथा- खनिज क्रय-बिक्री, भण्डारण, परिवहन, परिष्करण करने वाले व्यक्ति, प्रतिष्ठान को निबंधन कराना आवश्यक है।

7.2 निबंधन

नियम-3 के आलोक में Jharkhand Integrated Mines and Mineral Management System (JIMMS) के पोर्टल पर निम्नांकित दस्तावेज के साथ आवेदन किया जाता है, यथा-

7.2 (1) आवेदन शुल्क 25,000/-

7.2 (2) निम्नांकित दस्तावेज की अभिप्रमाणित प्रति

व्यक्तिक या साक्षेदार फर्म या कंपनी रहने की स्थिति में सभी के पक्ष में निर्गत निम्नांकित दस्तावेज की छायाप्रतियाँ सिस्टम पर अपलोड किया जाता है यथा-

पैन (PAN No)

जी0एस0टी0 निबंधन(GST Registration)

टेन (TAN No)

आधार कार्ड (Aadhar Card No)

कम्पनी निबंधन की छायाप्रति (Incorporation Certificate)

वर्तमान एवं स्थायी पता (Present and Permanent Address Proof)

विगत तीन वर्षों का आयकर विवरणी (I.T returns of last 3 F.Y)

अंचलाधिकारी एवं वन प्रमण्डल पदाधिकारी द्वारा सत्यापित मानचित्र एवं स्थल की विवरणी जहाँ खनिज संबंधी व्यापार किया जाना है। (Report from DFO and CO)

किसी खनिज के अवैध उत्खनन परिवहन भण्डारण, क्रय विक्रय में दोषी करार नहीं होने का शपथ पत्र।(Affidavit for not being convicted for illegal mining, transportation, storage, sale and purchase of mineral from illegal sources)

7.2 (3) आवेदन का निपटारा-

नियम (4) के आलोक में सक्षम प्राधिकार द्वारा प्राधिकृत अधिकारी आवेदन प्राप्ति के 30 दिनों के अंदर JIMMS Portal पर आवेदन को स्वीकृत करेंगे। यदि 30 दिनों के अंदर आवेदन अस्वीकृत या स्वीकृत नहीं किया जाता है तो वह स्वतः स्वीकृत समझा जाता है।

पूर्व से यदि कोई व्यक्ति या प्रतिष्ठान खनिज समानुदान नियमावली 1960 या 2016 या झारखण्ड लघु खनिज नियमावली 2004 अन्तर्गत वैद्य पट्टा धारित करते हो तो वे स्वतः इन नियमों के अंतर्गत वैद्य विक्रेता के रूप में निबंधित समझे जाएगें।

JIMMS Portal से Online निबंधन सभी दस्तावेज अपलोड करने पर निर्गत किया जाता हैं दस्तावेज का सत्यापन स्वयं प्राधिकार/अधिकारी/या अधिकृत अधिकारी द्वारा वाद में भी किया जा सकता है।

7.2 (3)(1) अवधि **(Period)-** 5 वर्ष।

7.2 (4) वाहन का निबंधन-

नियम (5) के आलोक में डीलर के पंजीकरण होने के 60 दिनों के अंदर व्यवसाय में प्रयुक्त किए जाने वाले वाहन का निबंधन GPS ट्रेकिंग सिटम के साथ प्रयुक्त वाहन का विवरण अंकित कर कराया जाना अनिवार्य है। नियम 4 अंतर्गत पूर्व से घोषित पट्टेदार भी अपने वाहन का निबंधन इस JIMMS Potal पर करायेंगे।

7.2 (5) मैनेजमेन्ट शुल्क **(Management FEE)-**

नियम (6) के आलोक में सभी पट्टेधारी, 1 रूपये प्रतिटन प्रबंधन शुल्क का भुगतान JIMMS Portal के माध्यम से करेंगे।

7.3 निबंधन की समाप्ति/निलंबन/निष्क्रीय (Cancellation, Suspension and Deactivation of Registration)

यदि किसी डीलर द्वारा दो वर्षों तक कोई व्यवसाय नहीं किया जाता तो नियम 8 (1) के आलोक में उनका निबंधन निलंबित या समाप्त कर किया जाता है एवं पुनः 5000/- शुल्क अदा कर निबंधन को पुर्नजिजिवित किया जा सकता है।

किन्तु निबंधन की शर्तों के उल्लंघन करने के आरापे में व्यक्तिगत सुनवाई का अवसर प्रदान करने के बाद सहायक/जिला खनन पदाधिकारी या सक्षम प्राधिकार द्वारा अधिकृत अधिकारी निबंधन को समाप्त कर सकते है।

7.4 परिवहन चालान (Transport Challan)

7.4 (1) इस नियमावली के नियम 9 में निहित प्रावधानुसार डीलर क्रय किये गये खनिज का स्वामिस्व भुगतेय चालान को JIMMS के Portal पर अपलोड करेगा एवं जिला/सहायक खनन पदाधिकारी 15 दिनों के अंदर JIMMS Portal पर परिवहन

करने वाले खनिज की मात्रा एवं अवधि की स्वीकृति प्रदान करते हैं।

7.4 (2) खनन पट्टे क्षेत्र से खनिज के निष्कासन के पूर्व उसके नमूने एकत्र किए जाते है एवं उसका रासायनिक विश्लेषण भी कराया जाना नियम 10 (8) के आलोक में अनिवार्य है।

7.4 (3) खान निरीक्षक द्वारा भंडारित किए गए खनिज के भण्डार की मात्रा की जाँच उपरांत स्वामिस्व जमा होने के बाद उसके प्रेषण हेतु JIMMS Portal से परिवहन चालान निर्गत किए जाते हैं। यह कार्य आवेदन देने के 7 दिनों के अंदर पूरा करते हुए अगले 15 दिनों के अंदर परिवहन चालान निर्गत करने का आदेश जिला/सहायक खनन पदाधिकारी द्वारा अंकित किया जाता है। बशर्ते की खनिज की मात्रा, कोटि का मूल्यांकन कर लिया गया हो एवं स्वामिस्व का अग्रिम भुगतान भी प्राप्त हो गया हो।

7.4 (4) रेल मार्ग से खनिज की ढुलाई करने के पूर्व नियम 10 (ii)(e) के आलोक में न्यूनतम 4 वैगन के खनिज का नमूना जाँच हेतु प्राप्त किया जाता है।

7.4 (5) यदि खनन पट्टेधारी उच्चतम कोटि के आधार पर स्वामिस्व का भुगतान कर खनिज का परिवहन करते है तो ऐसी स्थिति में उनका विश्लेषण किया जाना अनिवार्य नहीं।

7.4 (6) वैसेखनिजयथा-क्वार्टजाईट,फायरक्ले,पत्थरग्रेनाईटजिनकाअलग-अलग ग्रेड नहीं होता है, उसका विश्लेषण कराया जाना अनिवार्य नहीं है।

7.5 जप्ति, राजसात (Seizure, Confiscation)-

(1) नियम 11 (v) के प्रावधानुसार यदि कोई व्यक्ति खनिज का व्यापार, परिवहन, भण्डारण नियमों के विरूद्ध करते पाया जाता है तो सभी उपकरण, वाहन, खनिज को जप्त करते हुए राज्यसात की कार्रवाई उपायुक्त के न्यायालय से प्रारंभ की जा सकती है।

(2) झारखण्ड लघु खनिज नियमावली के आलोक में बिना पंजीकरण कराये खनिज का व्यापार, परिवहन करने पर कर्ता के विरूद्ध कानूनी कार्रवाई प्रारंभ की जा सकती है।

(3) नियम 13 (ii) के प्रावधानुसार यदि किसी व्यक्ति द्वारा सक्षम अधिकारी को खनिज के परिवहन, व्यापार की जाँच करने में व्यवधान उत्पन्न किया जाता है तो उन्हें 1 वर्ष की कैद या 25000/- जुर्माना या दोनों दण्ड दिये जा सकते हैं।

8.1 अपील (Appeal)

(1) नियम 14 के प्रावधानुसार इन नियमों से उत्पन्न वाद/असंतुष्ट व्यक्ति जिला/सहायक खनन पदाधिकारी के आदेश के विरूद्ध आदेश प्राप्ति के 30 दिनों के अंदर उपायुक्त के समक्ष 1000/- शुल्क जमाकर अपील दायर कर सकते हैं।

(2) नियम 15 के प्रावधानुसार उपायुक्त द्वारा पारित आदेश के विरूद्ध आदेश प्राप्ति के 30 दिनों के अंदर खान आयुक्त के न्यायालय में 1000/- शुल्क अदाकर पुनरीक्षण वाद दायर किया जा सकता है।

फ्लो चार्ट

1. www.jharkhandminerals.gov.in टाईप कर JIMMS के पोर्टल पर जायें

⇩

2. एक डैशबोर्ड JIMMS का खुलेगा इसमें NEW DEALER के बटन को Click करें

⇩

3. Dealer Licence Registration के Button को Click करें।

⇩

4. इन सूचनाओं को रिक्त स्थानों पर अंकित/अपलोड करें-यथा- District Mining Office, आवेदक का नाम, पता, जिला, राज्य पिनकोड, पैनकार्ड संख्या, पैनकार्ड-अपलोड, मोबाइल संख्या, ई-मेल, सिक्युरिटी प्रश्न एवं उसका उत्तर अंकित करें।

⇩

5. Register button Click करें

⇩

6. O.K Button Click करें।

⇩

7. पोर्टल स्वयं अगले पेज पर Registration Confirmation की सूचना Flash करेगा।

⇩

8. Acknowledgment No. Note करें।

⇩

9. किस प्रकार Login करना चाहते हैं, मोबाईल, OTP से या सिक्युरिटी प्रश्न से उसे चुने।

⇩

10. Send OTP Button Click करें।

⇩

11. पुन एक Dialogue Box खुलेगा जो OTP या सिक्युरिटी उत्तर मांगेगा उसे भरे Acknowledgment No. Note करें।

⇩

12. Validate and Register Button Click करें।

⇩

13. User ID एवं पासवर्ड Registered Mobile /e-mail पर आ जाएगा। Acknowledgment No. Note करें।

⇩

14. अब User ID एवं पासवर्ड की रिक्त कोष्ठ भरे

⇩

15. Login Button Click करें।

⇩

16. अब नया Page खुलेगा जिसमें निम्नांकित सूचनाएँ एवं Documents Upload करें-

1 - यूजर आईडी (User Id)

2 - पासवर्ड Password (System द्वारा दिए गए Default Password को यहाँ आवेदक द्वारा बदला जा सकता है।)

3 - कम्फर्म पासवर्ड

4 - संपर्क व्यक्ति जो System पर सूचनाएं आदि भरेगा उसकी पूर्ण विवरणी दर्ज की जाएगी यथा नाम, पदनाम, ई-मेल, मोबाईल संख्या, किस स्थान में रहते हैं।

⇩

17. यदि एक कॉपी उपर अंकित व्यक्ति के अलावा किसी और को भी दी जानी है तो उसकी भी विवरणी, नहीं तो SAME Button Click करें।

⇩

18. Submit Button Click करें

⇩

19. यदि Default पासवर्ड (जो System द्वारा स्वयं Generate कर दिया गया है उसे आवेदक ने नहीं बदला है तो DASHBOARD पर NEW USER Click करें।) नया पेज खुलेगा उसमें Dealer Registration Click करें।

⇩

20. नया पेज NEW DEALER Apply खुलेगा जिसमें 3 Steps में सूचनाएँ अंकित की जाएगी।

Click FORM-A

i. कंपनी का नाम

ii. जिला खनन कार्यालय का नाम

iii. व्यापार का स्थान

iv. यदि एक स्थान से अधिक स्थान पर व्यापार करना चाहते हैं तो ADD

v. MORE Button Click करें।

Basic Information

PART - I

अब नया Page खुलेगा जिसमें निम्नांकित सूचनाएँ एवं Documents Upload करें-

1. Applied For:- New Registration

2. Application Type:- Individual, firm, company

3. Application Reference Number

4. Applicant Type:- Individual, Partner, Director

5. Name of the Company

6. Name of the Applicant

7. Office Address

8. Specific place of Business

9. Address for communication

10. Financial Status

11. Profession:- Storage Depot, Processing, Transportation

12. Contact Mobile No

13. E-Mail

14. Post Office

15. Police Station

16. Mines Circle

17. District Mining Office Name

18. Mineral Dealing with

19. License Type:- Trading, Storage, Processing, Mineral Beneficiation

20. Specific Purpose

21. Upload Signature(.jpg file)

22. Uoload Photo (.jpgfile)

23. **Save and Proceed.**

PART - II

Business Information

For Individual

1. Add Business Details

2. Ownership of Business

3. Fathers Name

4. Upload PAN Card

5. Procurement source Details

6. **Save and Proceed.**

For Partnership Firm

1. Name

2. Address

3. E-Mail

4. Mobile No

5. PAN No

6. Upload PAN Card.

7. For more than one partner PRESS ADD BUTTON and add information.

Business Details

1. Name of Partnership Firm

2. PAN Card No

3. Upload PAN Card

4. Upload Registered Power of Attorney

5. Firm Registration Number

6. Upload partnership Deed

7. Raw material procurement Details

8. **Save and Proceed.**

For Company

1. Name of the Director

2. Address

3. E Mail

4. Mobile No

5. PAN No

6. Upload PAN Card

Business Details

1. Name of the Company

2. PAN No

3. Upload PAN CARD

4. Upload Registered Power of Attorney

5. Company Registration No.

6. Upload Memorandum of Association

7. Raw material Procurement details

8. **Save and Proceed.**

PART - III

Statutory Details

A. SPCB CLEARANCE

   I. PCB. Application No - Date:-

   II. Upload CTE

   III. CTE Order No- Date_______ Validity_______

   IV. UPLOAD CTO

B. Upload Certified Map of Place of Storage of Mineral Issued by Circle Officer/DFO (Divisional Forest Officer)

C. Fill GST No and Upload GST Certificate.

D. Upload - ITR

E. Upload Affidavit as in JIMMS PORTAL

F. Upload Voter ID Card

G. Upload AADHAR Card

H. Upload TIN NO. and Certificate.

SAVE & PREVIEW.

यहाँ पर EDIT Button भी है जिस PAGE को EDIT/बदलना या कुछ अन्य जोड़ना चाहते हैं वह किया जा सकता है।

अब नया PAGE NEW Application for Dealer खुलेगा।

Click Here to pay Button Click करें।

आँकड़े भरे एवं Proceed for Payment Page पर जाएं।

FORM-B-Dealer Registration संबंधित अधिकृत अधिकारी Portal से जारी करेंगे।

अध्याय-8

अन्यान्य, कानूनी एवं निरोधात्मक प्रावधान

8.1 सभी लघु खनिज पट्टेधारी आयकर अधिनियम अंतर्गत आयकर, प्र्यावरणीय प्रबंधन, कोष खनिज फाउण्डेशन ट्रस्ट कोष में अतिरिक्त राशि यथा प्रस्तावित दर से भुगतान करते है।

8.2 लघु खनिज के पट्टेधारी, अवैध उत्खननकर्ता, अवैध व्यापारकर्ता, परिवहनकर्ता आदि पर झारखण्ड लघु खनिज समानुदान नियमावली 2004 (संशोधन 2017) एवं झारखण्ड मिनरल्स (प्रिवेशन ऑफ इल्लीगल माईनिंग ट्रान्स्पोर्टेशन एण्ड स्टोरेज) रूल्स 2017 के प्रावधानुसार कानूनी कार्रवाई की जाती है।

8.3 झारखण्ड लघु खनिज समानुदान नियमावली 2004 (JMMC Rules) के नियम 54(1) के प्रावधान अंतर्गत यदि कोई व्यक्ति लघु खनिज का उत्खनन स्वयं या उसके एजेन्ट, कर्मचारी, मैनेजर अथवा ठेकेदार द्वारा करते है अथवा परिवहन किया जाता है तो अधिकतम एक वर्ष की कैद अथवा अधिकतम 50,000/- (पचास हजार रूपये) जुर्माना अथवा दोनों सजाएँ दी जा सकेगी।

8.4 झारखण्ड लघु खनिज समानुदान नियमावली 2004 (JMMC Rules) के नियम 54 (2) के प्रावधान अंतर्गत सक्षम पदाधिकारी अथवा अनुमंडल अधिकारी अथवा अंचल अधिकारी अथवा समाहर्ता अथवा खान आयुक्त अथवा राज्य सरकार द्वारा प्राधिकृत कोई पदाधिकारी ऐसे अपराध में प्रयुक्त सभी औजार, वाहन एवं खनिज को जप्त कर सकते है।

8.5 झारखण्ड लघु खनिज समानुदान नियमावली 2004 (JMMC Rules) के नियम 54 (3) के प्रावधान अंतर्गत अवैध उत्खनन एवं परिवहनकर्ता को अनुमंडल अधिकारी अथवा अंचल अधिकारी अथवा सक्षम

पदाधिकारी द्वारा बिना किसी गिरफ्तारी वारंट के ऐसे व्यक्ति को गिरफ्तार किया जा सकता है।

8.6 झारखण्ड लघु खनिज समानुदान नियमावली 2004 (JMMC Rules) के नियम 54 (4) के प्रावधानानुसार गिरफ्तार व्यक्ति को लिखित शिकायत पत्र के साथ संबंधित थाने को सुपुर्द किया जाएगा एवं उन्हें क्षेत्राधिकार वाले न्यायिक दण्डाधिकारी के समक्ष 24 घंटे के अंदर थाना प्रभारी प्रस्तुत करना सुनिश्चित करेंगे।

8.7 झारखण्ड लघु खनिज समानुदान नियमावली 2004 (JMMC Rules) के नियम 54 (5) के प्रावधानानुसार यदि किसी वाहन का कोई चालक लघु खनिज को परिवहन करते समय प्राधिकृत या सक्षम अधिकारी को प्रपत्र एम या फार्म D में परिवहन चालान दिखाने में असफल रहता है अथवा निरीक्षण से इंकार करता है तो उसे अधिकतम 01 एक वर्ष की कैद अथवा खनिज मूल्य की दोगुनी राशि के बाराबर दण्ड अथवा दोनों एक साथ दिया जा सकता है तथा दूसरी एवं तीसरी बार वैध परिवहन चालान प्रस्तुत नहीं किए जाने पर उपरोक्त के अतिरिक्त दण्ड की राशि क्रमशः 50,000/- (पचास हजार रूपये) 100,000/-(एक लाख रूपये) होगी।

सक्षम अधिकारी द्वारा अवैध परिवहन कर्ता के उपरोक्त दण्ड शुल्क एवं इस आशय का बंध पत्र समर्पित किए जाने पर कि न्यायालय द्वारा नोटिस दिए जाने पर उपस्थित होंगे, वाहन को खनिज सहित छोड़ा जा सकता है।

8.8 झारखंड लघु खनिज समनुदान नियमावली के नियम 54 A के प्रावधानुसार खनिज के जत्ति के 60 दिनो के अंदर जत्त खनिज उत्पादों को जिला खनन पदाधिकारी के प्रस्ताव पर उपायुक्त द्वारा नीलामी किया जा सकता है।

8.9 झारखण्ड लघु खनिज समानुदान नियमावली 2004 (JMMC Rules) के नियम 56 के प्रावधानानुसार निजी कंपनी यह सुनिश्चित करेंगी कि निर्माण कार्य में उपयोग किया गया लघु खनिज वैध पट्टेधारी या अनुज्ञप्ति

धारी से वैध चालान के माध्यम से क्रय किया जाए अन्यथा स्वामिस्व के साथ साथ स्वामिस्व के बराबर की दण्ड की राशि उन्हें जमा करनी होगी।

8.10 झारखण्ड लघु खनिज समानुदान नियमावली 2004 (JMMC Rules) के नियम 62 के प्रावधानुसार लघु खनिज के पट्टे के आवेदन अस्वीकृत होने या उपायुक्त के आदेश से असंतुष्ट रहने पर 1000/- (एक हजार रूपये) का शुल्क जमा कर पुनरीक्षण/अपील खान आयुक्त के समक्ष किया जा सकता है।

8.11 झारखण्ड लघु खनिज समानुदान नियमावली 2004 (JMMC Rules) के नियम 65 के प्रावधानुसार पट्टेधारी या अनुज्ञप्ति धारी झारखण्ड लघु खनिज समानुदान नियमावली 2004 (JMMC Rules) के अधीन किसी सक्षम अधिकारी के किसी आदेश (यथा-मांग, प्रशासकीय माप से उत्पन्न मांग, मांगपत्र की त्रुटि आदि) से असंतुष्ट है तो उस आदेश के 30 दिनों के अंदर संबंधित क्षेत्र के उप निदेशक (खान) के पास 50/- (पचास रूपये) का शुल्क अदा कर अपील दायर कर सकता है।

8.12 झारखण्ड मिनरल्स (प्रिवेंशन ऑफ इल्लीगल माइनिंग ट्रान्सपर्टेशन एण्ड स्टोरेज) रूल्स 2017 के नियम 11 अंतर्गत घोषित सक्षम अधिकारी खनिज से लदे किसी वाहन, भंडारित स्थान की जाँच स्रोत की जाँच कर सकते हैं, नमूने जाँच हेतु संग्रहित कर सकते है एवं अवैध व्यापार, भंडारण, परिवहन किए जाने पर प्रयुक्त सभी खनिज, औजार, संयत्र, वाहन को जप्त कर सकते है। जाँच अधिकारी इस प्रकार किए गये जप्ति को उपायुक्त से आदेश प्राप्त कर राज्यसात करने की कार्रवाई भी प्रारंभ कर सकते है।

उक्त नियमावली के नियम 13 के प्रावधानुसार अवैध कर्ता के विरूद्ध झारखण्ड लघु खनिज समानुदान नियमावली 2004 के आलोक में सक्षम अधिकारी आवश्यक कार्रवाई कर सकेगा।

यदि कोई व्यक्ति जाँच अधिकारी को जाँच करने में व्यवधान उत्पन्न करता है तो उसे एक वर्ष का कारावास या 25000/- का दण्ड या दोनो सजाएँ नियम 13 (ii) के आलोक में एक साथ भी दी जा सकती है।

नियम 14 में निहित प्रावधान के अनुसार जिला/सहायक खनन पदाधिकारी के आदेश से असंतुष्ट व्यक्ति आदेश के 30 दिनों के भीतर उपायुक्त के समक्ष 1000/- एक हजार रूपये शुल्क अदा कर अपील दायर कर सकते है।

नियम 15 के प्रावधानुसार पुनरीक्षण आवेदन आयुक्त खान के समक्ष 1000/-(एक हजार रूपये) शुल्क अदा कर उपायुक्त द्वारा पारित आदेश के 30 दिनों के अंदर चुनौती दी जा सकती है।

संदर्भ (References)

❖ खान एवं खनिज (विकास एवं विनियम) अधिनियम 2015 Mines and Mineral (Development and Regulation) Act.

❖ झारखण्ड लघु खनिज समानुदान नियमावली 2004 (Jharkhand Minor Mineral Concession Rules

❖ झारखण्ड लघु खनिज समानुदान (संशोधन) नियमावली, 2007, 2010, 2015, 2017, 2019 (Jharkhand Minor Mineral Concession Amendment Rules)

❖ झारखण्ड खनिज पारगमन चालान विनियमन 2005 (Jharkhand Mineral Transit Challan Regulation)

❖ झारखण्ड खनिज विक्रेता नियमावली 2007 (Jharkhand Mineral Dealer Rules)

❖ झारखण्ड माइनर मिनरल ऑक्शन रूल्स 2017 (Jharkhand Minor Mineral(Auction) Rules 2017.

❖ झारखण्ड मिनरल्स (प्रिवेंशन ऑफ इल्लीगल माईनिंग ट्रांसपोर्टेशन एण्ड स्टोरेज) रूल्स 2017 [Jharkhand Minerals (Prevention of Illegal Mining Transportation and Storage) Rules 2017]

❖ झारखण्ड माइनर मिनरल्स (इविडेंस ऑफ मिनरल कनटेंट) रूल्स Jharkhand Minor Minerals (Evidence of Mineral Content) Rules, 2018.

देखे नियम 9

लघु खनिजों के खनन पट्टा के लिए आवेदन का प्रपत्र

दिनांक.......................... वर्ष 20 .... की तारीख

सेवामें,

समाहर्ता/

प्राप्त किया हस्ताक्षर

तारीख

महाशय,

मैं/हम झारखण्ड लघु खनिज समनुदान नियमावली 2004 के अन्तर्गत खनन पट्टा देने के लिए आवेदन देते हैं/देता हूँ।..........................रू0 की राशि शुल्क के रूप में उस आवेदन के साथ जो नियम 9(3) के अन्तर्गत देय है उसे..........................कोषागार का नाम अथवा भारतीय स्टेट बैंक की वह शाखा जो कोषागार के साथ व्यवसाय कर रहा है में जमा करा दिया गया है(Online) तथा संबंधित चालान इसके साथ संलग्न है।

वांछित विवरणी नीचे दिए जा रहें है।

विवरणी-

1. व्यक्तियों, फर्म अथवा आवेदन करने वाली कंपनी का नाम,

2. व्यक्तियों की राष्ट्रीयता अथवा कम्पनी अथवा फर्म प्रारंभ किए जाने हेतु निबंधन का स्थान;

3. व्यक्तियों का व्यवसाय अथवा कम्पनी के व्यवसाय की प्रकृति तथा व्यवसाय की प्रकृति तथा व्यवसाय स्थान;

4. व्यक्ति फर्म अथवा कंपनी का पता;

5. खनिज अथवा एकाधिक खनिज जिनका आवेदक उत्खनन करना चाहते हैं;

6. जिस अवधि के लिए खनन पट्टा वांछित है;

7. उस क्षेत्र की विवरणी जिससे खनन पट्टा वांछित है;

   1. जिला 2. राजस्व थाना 3. ग्राम/मौजा 4. जे0एल0सं0 5. खेसरा सं0 6. रकवा

8. 16/1 मील स्केल पर मैप अथवा प्लान का विवरण जिसमें उपर्युक्त 7 में उल्लेखित क्षेत्र को आच्छादित किया गया है, संलग्न है जो, जिस क्षेत्र के लिए खनन पट्टा वांछित है उसकी पहचान तथा समुचित सूचना देना

9. क्षेत्र की संक्षिप्त विवरणीय

10. राज्य सरकार के क्षेत्राधिकार के भीतर क्षेत्र तथा खनिज जिसके लिए आवेदक अथवा संयुक्त रूप् से उसके साथ कोई अन्य व्यक्ति संयुक्त रूप से कार्य करने की इच्छा व्यक्त की हो-1

खनिज...................क्षेत्र...................तालुक...................
जिला..................

(क) पूर्व से खनन पट्टा "पट्टे" धारण करते है,

(ख) पूर्व में आवेदन दिया है किन्तु अभी तक खनन पट्टा स्वीकृत नहीं किया गया है,

अथवा
(ग) एक ही समय में आवेदन दिया है।

11. संयुक्त अभिरूची की प्रकृति यदि उपर्युक्त 10 के अंतर्गत है, तो;

12. प्रथम वर्ष के दौरान उत्खनित होने वाले खनिज का उपयुक्त अनुमानित परिमाण;

13. साधन जिसके द्वारा खनिज का उत्खनन किया जाएगा जैसे हाथ द्वारा श्रम करके अथवा यांत्रिक अथवा विद्युत शक्ति से तथा विचार किए गए यांत्रिकीकरण की मात्रा यदि कोई हो;

14. निवेश की जानेवाली प्रस्तावित राशि;

15. उत्खनन कार्य में आवेदक का पूर्व अनुभव;

16. यह तरीका जिसके द्वारा उत्खनित खनिज का उपयोग किया जाएगा, अनुमानित उपभोक्ता तथा खनिज के उपयोग का स्थान;

17. कोई अन्य विवरण जो आवेदक देना चाहता हो अथवा समाहर्ता जिसे जानना चाहता है;

18. इन नियमों के तहत विहित आवेदन शुल्क के भुगतान का विवरण तथा तरीका;

19. दो स्वअभिप्रमाणित पासपोर्ट फोटोग्राफ (नोटः-राज्य सरकार के खाते में जमा किए जाने वाले शुल्क का शीर्ष.................)

मैं/हम यह घोषणा करता हूँ/करते है कि उपर्युक्त दिये गये विवरण सत्य है एवं मैं/हम खनन पट्टा प्रदान किये जाने के पूर्व, जैसा आपके द्वारा वांछित है, अन्य विवरण जिसमें सही प्लान तथा सुरक्षित जमा राशि आदि शामिल है, उपलब्ध राकने के लिए तैयार हूँ /है।

विश्वासभाजन

स्थान
दिनांक

हस्ताक्षर तथा आवेदक का नाम

नोटः- यदि एक वर्ष से अधिक अवधि के लिए खनन पट्टा का आवेदन नहीं दिया गया है तो नियम 13, 14, 15 तथा 16 के अन्तर्गत सूचनायें देना आवश्यक नहीं है।

प्रपत्र जी

(देखे नियम 32)

खदान अनुज्ञप्ति के लिए आवेदन का प्रपत्र

संं0...तारीख

सेवा में,
सक्षम पदाधिकारी

महाशय,

मैं/हम झारखण्ड लघु खनिज रियायत नियम, 2004 के अन्तर्गत खदान अनुज्ञप्ति मुझे/हमें प्रदान करने का अनुरोध करता हूँ/करते हैं।

इस आवेदन के साथ 2000 रू0 का शुल्क जमा किया गया है (चालान की प्रति संलग्न है) निम्नलिखित विवरण संलग्रहै-

1. खनन बकाया के भुगतान की पूर्णता प्रमाणपत्र संलग्र है।

2. जिस भूमि से खनिज का उत्खनन किया जाना है वह भूमि यदि रैयती भूमि है तो उस रैयत की लिखित सहमति।

3. वह खनिज जिसका आवेदक उत्खनन करना चाहता है।

4. उस भूमि की विस्तृत विवरणी, जिस भूमि में खनिज का उत्खनन किया जाना है।

5. उत्खनन किए जाने वाले खनिज का परिमात्रा।

6. अवधि जब तक कि खनिज का उत्खनन किया जाएगा।

मैं/हम यह घोषणा करता हूँ/करते हैं कि उपर्यक्त विवरण सत्य है एवं आवके द्वारा जो भी अन्य विवरण वांछित होगा मैं उसे उपलब्ध कराने के लिए तैयार हूँ/हैं, तथा मैं/हम यह भी घोषणा करता हूँ/करते है, कि इन नियमों में निर्दिष्ट सभी शर्तों का तथा सक्षम पदाधिकारी द्वारा लागू किए गए कोई अन्य शर्तों का अनुपालन करूँगा/करेंगे।

आपका विश्वासी

आवेदक का हस्ताक्षर एवं नाम

9 781647 335137